從今天開始,一日一咪咪,你的世界就改變了

Onece a day

沒什麼也能有什麼

中谷彰宏 著
AKIHIRO NAKATANI

蔡晴宇 譯

一日一回 たったこれだけで世界が変わる

給台灣讀者的一封信

致還沒見過面，但很快就會見面的台灣朋友們

我有一位台灣的朋友。

那個朋友是一位認真又努力的人，因為很認真努力，有時會感到疲憊和沮喪。

在那時候，這位朋友會讀我的書，讀了我的書後，他會說：「我感覺又恢復元氣了！」

本來，我也是透過寫書，認識了這一位台灣朋友。

書讓我們成為朋友。

所謂書這個朋友，就是當你人生困惑時，能成為你傾訴的對象。

書會聆聽讀者的心聲。

透過書，也可以結交朋友。

書為我們創造認識朋友的機會。

我很高興我寫的《沒什麼也能有什麼》繁體中文版即將出版；

我也很興奮，能讓我的台灣朋友閱讀到這本書，

甚至可能在這本書中找到朋友。

我也期待透過這本書，能結識新的台灣朋友。

今天，如果有任何讓你感到困惑煩躁的事，我希望你都可以閱讀這本書，

相信你會受到鼓舞，並想著「明天，事情一定會順利」。

致還沒見過面，但很快就會見面的台灣朋友們。

P.S.
下次，請告訴我，你的「一日一咪咪」。

中谷彰宏

推薦序
一日一咪咪,用小事把日子變美麗

生活的內容,有時令人感到枯燥。

時間的節奏,有時讓人亂了陣腳。

人啊人,日子該如何過?心情不美該如何?

撕開抱怨,莫顧影自憐。

一日一回,閱讀,在字裡行間。

《沒什麼也能有什麼:從今天開始,一日一咪咪,你的世界就改變了》,相伴在身邊。

在每天都是獨一無二的日子裡,

隨意挑選一件事,簡簡單單的,隨手可得的。

不須過於複雜、難懂,不須過於艱深、距離。

讓行動緩緩的,優雅的啟動,不須任何的負擔與壓力。

關注當下，覺察內心，敏銳覺察自己與周遭事物之間的關係。

在每回做的過程中，讓自己向外踏出了一步，向內觀照了一回。

一日一咪咪，一天一小事。一日一咪咪，順其自然。

滴水穿石，刻意練習，一次又一次累積，你將發現生活逐漸有了全新轉變。

原來自己可以和昨日不一樣，又蛻變些。

原來自己可以專注今日當下，踏實穩健。

原來自己可以往期許的未來，漸漸靠近。

輕輕地動起來，眼前的世界逐漸的打開。

煩躁與鬱悶瞬時遠離，你將發現心裡多些清新

茫然與徬徨暫時疏散，眼前的道路立體了起來。

懊惱與悔恨慢慢放下，盡力而為而且問心無愧。

一日一咪咪，期許自己的行動化為自信的能量。

一日一咪咪，原來自己可以活得不一樣，活成自己期待的模樣。

——王意中心理治療所所長、臨床心理師　王意中

編者的話

你今天一咪咪了嗎？──一本陪你找回人生主控權的小書

親愛的你，是因為貓咪而打開《沒什麼也能有什麼》嗎？

既然打開了，就隨意翻翻，從那件一咪咪的小事開始，試看看吧！

記得第一次與這本書相遇，深受那隻眺望遠方星空的貓咪，那份無形中洋溢出來的靜謐自在與無限想像所吸引。

處在這行事曆翻開，追逐那滿載待辦事項的繁忙日常裡，我們有多少時間，是屏除外界喜好，全然聽從內心、為了自己在安排？

就算只是一件很小很小、微不足道的事都好，人生一瞬，不該只是茫茫然用來生存、度日子，更值得用來好好玩味生活！

不自覺總是為了別人的期待與目標在努力奔馳，日復一日裡，看似好像不可控又充滿令人無能為力的無奈，

但別忘了，我們是有選擇的；換個角度，一切就能有所不同！

即使可能暫時無法遠行，但看看雲、換條路回家，平凡裡就有了新發現；

就算或許覺得日子一成不變的，但今個兒換個口味，生活就有了新滋味，

那些一日一咪咪的小事，可能乍看之下沒什麼，

但真的每天做一下，好像就有什麼不一樣在發酵了。

詩人導演盧建彰曾如此反問：「你今天不虛此行了嗎？還是不須此行？」

「每一個不曾起舞的日子，都是對生命的辜負」更是來自尼采的經典語錄，

每個沒什麼，都蘊藏著因為有你才有什麼的一咪咪不同而閃閃發亮。

見山是山、見山不是山、見山還是山，

就從一日一咪咪開始，找回沉寂已久的熱情，你的世界將因此大不相同！

人生，一切如常，是一份深深的祝福；這趟旅程，但願你有趣好玩。

——《沒什麼也能有什麼》選書人暨編輯　白亞平

前言

1 一日一咪咪

給自己主題一下。

主題不是日程表。

「今天,我要拜訪一個客戶」,是日程安排;

「今天,我要多說一句『謝謝』」,則是給自己的主題。

日程安排是外界賦予的,主題是自己自由決定的。

目次 CONTENTS

給台灣讀者的一封信 …… 4
推薦序 …… 6
編者的話 …… 8

（前言）

1 給自己主題一下。 …… 10
2 沐浴陽光下一下。 …… 19
3 聞聞氣味一下。 …… 20
4 實際感受觸感一下。 …… 21
5 抬頭看雲一下。 …… 22
6 爬爬樓梯一下。 …… 23
7 綠意盎然一下。 …… 24
8 吹吹自然風一下 …… 25
9 開個窗戶一下。 …… 26
10 和小孩交談一下。 …… 27
11 和長者說話一下。 …… 28
12 深呼吸一下。 …… 29
13 哼哼歌一下。 …… 30
14 失蹤一下。 …… 31
15 想想喜歡的人一下。 …… 32
16 哈哈地喘口氣一下。 …… 33
17 怦然心動一下。 …… 34
18 心懷感謝一下。 …… 35

19 選擇「不尋常的菜單」一下。	36	
20 跟「陌生人」打招呼一下。	37	
21 被問路一下。	38	
22 大爆笑一下。	39	
23 想起回憶笑一下。	40	
24 跟「久未聯繫的人」聯絡一下。	41	
25 大力讚美一下。	42	
26 走「不同於平常的路」一下。	43	
27 迷路一下。	44	
28 小小提案一下。	45	
29 丟臉一下。	46	
30 後悔一下。	47	
31 被嘲笑一下。	48	
32 挨罵一下。	49	
33 失敗一下。	50	
34 捐獻一下。	51	

35 道歉一下。	52	
36 主動幫人拍照一下。	53	
37 說聲「感覺真好」一下。	54	
38 說聲「我很高興」一下。	55	
39 說聲「真好吃」一下。	56	
40 看個一頁書一下。	57	
41 眼神交流一下。	58	
42 詢問對方名字一下。	59	
43 用全名自我介紹一下。	60	
44 聆聽大自然的聲音一下。	61	
45 驚訝一下。	62	
46 接受指導一下。	63	
47 即使「沒事」也聯絡一下。	64	
48 手寫一下。	65	
49 請求幫助一下。	66	
50 不求回報一下。	67	

013

51 被拒絕一下。⋯⋯68
52 原諒一下。⋯⋯69
53 讚美自己一下。⋯⋯70
54 「不需要理由」歡喜一下。⋯⋯71
55 選擇與他人不同的事物一下。⋯⋯72
56 傳遞「好消息」一下。⋯⋯73
57 恭敬地說話一下。⋯⋯74
58 思念「天上的人」一下。⋯⋯75
59 深深地感受幸福一下。⋯⋯76
60 擊掌一下。⋯⋯77
61 「背地裡讚美」一下。⋯⋯78
62 說聲「很有趣」一下。⋯⋯79
63 說聲「很好玩」一下。⋯⋯80
64 小小創新一下。⋯⋯81
65 示弱一下。⋯⋯82
66 雙腳併攏，鞠躬一下。⋯⋯83

67 分享知識一下。⋯⋯84
68 讓座一下。⋯⋯85
69 雙手合十一下。⋯⋯86
70 看看水一下。⋯⋯87
71 讓我們回到10歲一下。⋯⋯88
72 打電話一下。⋯⋯89
73 減少一樣東西一下。⋯⋯90
74 拿出包包全部的東西一下。⋯⋯91
75 找一個地方打掃一下。⋯⋯92
76 清空垃圾桶一下。⋯⋯93
77 憑直覺選擇一下。⋯⋯94
78 讓「好孩子」休息一下。⋯⋯95
79 當外國觀光客一下。⋯⋯96
80 分享福氣一下。⋯⋯97
81 記住一個國字一下。⋯⋯98
82 在家附近「隨意漫遊」一下。⋯⋯99

83 仰望月亮一下。……100	99 預約一下。……116
84 為某人加油一下。……101	100 兌現小承諾一下。……117
85 吃日式料理一下。……102	101 把鞋子排整齊一下。……118
86 照鏡子一下。……103	102 接受建議一下。……119
87 自拍一下。……104	103 把得到的建議付諸行動一下。……120
88 回想「今天快樂的事」一下。……105	104 吃生菜一下。……121
89 繞遠路一下。……106	105 談談理想一下。……122
90 做一些無用的事一下。……107	106 數10次呼吸一下。……123
91 主動幫忙一下。……108	107 找問題一下。……124
92 叫對方的名字一下。……109	108 凝視火焰一下。……125
93 換口味一下。……110	109 看看樹窗一下。……126
94 早到一下。……111	110 變換姿勢一下。……127
95 享受過程一下。……112	111 跟不喜歡的人打招呼一下。……128
96 端詳器皿一下。……113	112 泡澡一下。……129
97 把垃圾帶回家一下。……114	113 看看流星一下。……130
98 察覺正在煩躁的自己一下。……115	114 記住一個人的臉孔一下。……131

015

115 擦拭桌面一下。	132
116 挑戰「沒有勝算的比賽」一下。	133
117 點根香一下。	134
118 端坐一下。	135
119 參拜一下。	136
120 吃虧一下。	137
121 伸展一下。	138
122 說「這很常見」一下。	139
123 做「不合理的事情」一下。	140
124 排隊一下。	141
125 槓龜一下。	142
126 走散一下。	143
127 開始著手「不能立即看到成果的事」一下。	144
128 凝視一下。	145

129 讚美新人一下。	146
130 流口水一下。	147
131 不讓對方難堪一下。	148
132 自己做道菜一下。	149
133 小修理一下。	150
134 「沒有被拜託的事」做一下。	151
135 默默累積「不被注意」的功德一下。	152
136 「會幸福的謊」說一下。	153
137 眺望遠處的風景一下。	154
138 解讀影像一下。	155
139 「想辦法做點什麼」一下。	156
140 生氣一下。	157
141 筆記一下。	158
142 厚臉皮一下。	159

143 撒撒嬌一下。……160
144 想想不認識的人一下。……161
145 想想地球一下。……162
146 輸入一下。……163
147 量體重一下。……164
148 為「什麼事都沒有」而感謝一下。……165
149 好好換身衣服一下。……166
150 拍拍手一下。……167
151 閉眼睛一分鐘一下。……168
152 偏袒一下。……169
153 腦海裡浮現崇敬的人一下。……170
154 解開鞋帶一下。……171
155 隨機聯絡一下。……172
156 換手拿包包一下。……173
157 查字典一下。……174

158 與價值觀截然不同的人聊一下。……175
159 全力以赴一下。……176
160 拿起小刀具一下。……177
161 花三分鐘，傾聽對方說話一下。……178
162 使用擬聲詞一下。……179
163 觸摸生物一下。……180
164 為重要的事，設定自己的最後期限一下。……181
165 寫一行日記一下。……182
166 介紹人一下。……183
167 讓自己做別人的朋友一下。……184
168 回想之前的對話一下。……185

〔後記〕
169「理所當然的事」確實做一下。……186

本書是為這三種人而寫

1. 今天心情煩躁的人。

2. 很想做某件事，卻不知道從哪裡下手的人。

3. 為做過負面的事而感到後悔的人。

本書的使用方法

1. 一日一咪咪，就可以。想多做一點，也沒關係。

2. 全都不做也沒關係，全部都做也可以。

3. 沒有「非做不可的事」，讓我們從想做的事開始，試著做一下。

2

一日一咪咪

沐浴陽光一下。

在室內工作，可以避免曝晒在太陽底下。由於有人造光，也不會發現到自己缺少陽光，但太陽光具有振奮心情的能量。雨天時，讓我們一起想像一下，在雲層之上有太陽的存在。

3

一日一咪咪

聞聞
氣味一下。

小嬰兒透過氣味來辨認媽媽。資訊社會太過於專注視覺,以至於其他五感變得遲鈍。失智的早期症狀,就是喪失嗅覺能力。聞一下味道可以活化大腦,並提升記憶力。

4 一日一咪咪

實際感受觸感一下。

在沖繩,曾有過實際觸摸海豚的經驗,那種觸摸的感覺比想像更為真實。就像貓舌刺刺的感覺,那是光看影片所無法體會的。講究時尚的人,對材質的觸感也會特別敏感。

5 一日一咪咪

抬頭看雲一下。

當你看著雲，會發現它們的形狀無時無刻不斷地在變化。雲朵看似一動也不動，但當你認真注視時，它們卻又以極快的速度在移動。即使你覺得「真不湊巧，今天是陰天」，但從雲朵縫隙中所透射出來的光芒，也會讓你感受到一股神聖的感覺。試著從雲朵的形狀想像一下，這能激發你的想像力。

6 一日一咪咪

爬爬樓梯一下。

若只圖方便，我們就會習慣性的找手扶梯或電梯。但樓梯是免費的健身房，更是一種不需要額外付費的減肥運動。爬樓梯不僅可以增強自信心，也可能帶來「意外的相遇」。

7

一日一咪咪

綠意盎然一下。

綠色可以撫慰心靈。即使在一個你可能認為沒有植物的城市裡，細細觀察也會有令人驚訝的綠意盎然。就算沒有森林，花盆中的植栽，也能讓人心曠神怡。神社和寺廟裡之所以有綠色植物，是因為它能療癒身心、安定人心。

8

吹吹自然風一下。

――一日一咪咪

現代人生活在一個封閉的環境。即使有風，也是人造風。排除風會帶來的影響，成了現代生活的一部分。沐浴在自然微風的吹拂下，心情也會跟著改變。

9

一日一咪咪

開個
窗戶一下。

打開窗戶,彷彿就能在室內室外來回穿梭、沒有阻隔。無論冷熱,只要開窗,你就有了無限的空間。我的高中數學老師告訴我,如果遇到困難,可以去「打開窗戶」。當你打開窗戶,停滯心中的鬱悶就會隨之散去,新鮮的空氣也會讓我們的精神整個煥發起來。

10 一日一咪咪

和小孩交談一下。

當和小孩交談時，常常會得到意想不到的反應，你會意識到自己生活在一個溫水煮青蛙的世界。單純、不會過度顧慮他人感受的小孩，有時能夠不留情面地直指事物的本質。你可以體會到自己的預設前提被推翻時的快感。

11

一日一咪咪

和長者說話一下。

——長輩有一些我們在網路無法獲得的生活智慧,歷史上也找不到的生動記憶;還有那種活了一輩子的堅強精神。

——在剩餘的人生裡盡情生活,是一種對生命嚴肅的態度。

12

一日一咪咪

深呼吸一下。

人體配備了一個自動放鬆的裝置。透過呼吸，人能放鬆自己。當專注於工作時，我們只會進行最基本的呼吸。你能藉由意識，從不知不覺的呼吸中，來達到放鬆。

13 一日一咪咪

哼哼歌一下。

如果你害羞，就無法唱歌。當試著想要唱好時，你的自我意識就會跳出來妨礙你。可是當你哼歌的時候，就可以從你的自我意識中解放出來。它的好處就是，你唱歌並不是為了獲得他人的讚賞。

14

失蹤一下。

一日一咪咪

在現代社會裡，想要失蹤一下是一件很難的事。即使只是失蹤一分鐘，也可以讓你從束縛中解放出來。與其要讓所有人注意到，不被大家發現，更是最終極的奢望。

15

一日一咪咪

想想
喜歡的人一下。

有喜歡的人是一種幸福。不管有沒有交往,都無所謂。只在腦海中想像,是無罪的。一想到喜歡的人,幸福感也會湧上心頭。

16 一日一咪咪

哈哈地喘口氣一下。

每天一次哈哈地喘口氣一下，可以鍛鍊心肺功能。體內循環的血液，會將新鮮的氧氣和營養輸送到全身，心中的迷茫將一掃而空。

頓時間你會覺得，啊！這樣困擾幹嘛？

17

一日一咪咪

怦然
心動一下。

與其擔心,不如讓心蹦蹦跳一下。那些讓人心跳加速的事情,如果想避免,完全可以避開。但隨著年齡的增長,我們就越是遠離了那些令人心跳加速的經驗。讓我們主動擁抱那些令人心動的瞬間吧。

18 一日一咪咪

心懷感謝一下。

我們不是因為有人為我們做了什麼需要感謝的事情，才心懷感謝；而是因為心懷感謝，才有值得讓我們「心裡開心」的事。「心懷感謝」先於「心裡開心」。所以即使在那一無所有的時候，也要隨時懷抱感謝的心情。

19

選擇「不尋常的菜單」一下。

一日一咪咪

漸漸地，我們開始選擇「習慣」的事物。如果總是與「習慣的人」在「習慣的餐廳」的「習慣的位置」選擇「習慣的菜單」，大腦就會進入休眠狀態。新世界是蘊藏在「不尋常的菜單」中的。

20

一日一咪咪

跟「陌生人」打招呼一下。

如果你只跟認識的人打招呼,就無法認識更多的人。不向陌生人打招呼,並不會失禮。但若跟陌生人打招呼,就會認識更多的人。即使他們一開始用懷疑的眼光看著你,也不要擔心,打個招呼吧。

21 一日一咪咪

被問路一下。

問路的人,會選擇問路的對象。如果有人向你問路,就表示你通過了面試。讓我們散發出「請隨時向我問路吧」的氛圍。你不需要知道得很詳細,只要能被問路,就讓人興奮不已。

22 一日一咪咪

大爆笑一下。

只有微笑是不夠的，讓我們大爆笑一下。就像在學校午餐時，笑得太激動，牛奶都從鼻孔噴出來一樣。只要能大爆笑一下，不愉快的事情就會煙消雲散。如果你放了個屁，還可以再大爆笑一次。

23

一日一咪咪

想起回憶
笑一下。

最棒的笑聲,是想起回憶的笑聲。無論你想起多少次,你還是會笑。笑到淚流滿面,甚至是說不出話來。不論何時、身在何處,都可以想起回憶笑一笑。

24

一日一咪咪

跟「久未聯繫的人」聯絡一下。

在網路時代，溝通聯絡變得極為方便。但反過來，最終我們只會聯絡有限的那幾個人。若能收到來自「久未聯繫的人」的消息，是件非常高興的事。沒有聯絡，只是因為怕會感到尷尬而已。

25

一日一咪咪

大力讚美一下。

讚美的訣竅在於要誇張到近乎過分地大力讚美。不只是因為喜歡,才讚不絕口;而是透過大力稱讚,讓自己也開始喜歡上那個人或那件事物。對於能夠如此大力讚美別人的自己,從中也會感到十分幸福。

26

走「不同於平常的路」一下。

一日一咪咪

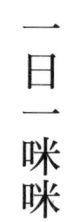

據說米其林指南的祕密客，不會走同一條路兩次。總是走在沒有走過的街道上，發現新的店家。即使在居住多年的住家附近，仍然有一些我們未曾探訪過的街道。你可以重新繪製腦海中的地圖，在家裡附近探險一下。

27 一日一咪咪

迷路一下。

長大之後,就很難再迷路了。不是不會迷路,而是不能迷路。如果選擇一條未知的道路,就會迷路。——如果全神貫注於某件事,也才能讓自己迷失其中。

28

一日一咪咪

小小
提案一下。

當職位晉升後,會從提案的人變成接受提案的人,會從主動的一方逐漸轉變為被動的一方。以被動的身分處於選擇方,是件非常無趣的事。即使會被否決也沒關係,站在提案方更令人感到興奮雀躍。

29 一日一咪咪

丟臉一下。

長大後，就不再容易出糗。不會特別去做丟臉的事，也會盡量避免可能使自己尷尬出醜的場合。但儘管如此，人還是會在丟臉的過程中成長。

30 一日一咪咪

後悔一下。

後悔一下沒有關係，總比「因為不想後悔」而不去挑戰還來得好。如果覺得「當時就應該這樣做」的話，那真的就是非常令人後悔的一件事了。可是如果想到「下次我會這樣做」的話，就會很期待下一次的到來。

31

一日一咪咪

被嘲笑一下。

如果你害怕「被嘲笑」，那就什麼事都做不成了。被人嘲笑也沒什麼不好。「感覺自己被嘲笑了」，可能會有壓力；但比起嘲笑別人，被嘲笑的人會更幸福。

32

一日一咪咪

挨罵一下。

長大後,就不會再挨罵,也沒有會責備你的人了。挨罵的人能理解挨罵的人的感受。挨罵的人才有繼續成長的可能。

33

一日一咪咪

失敗一下。

長大之後，就不再容易失敗，因為會變得盡量避免可能失敗的挑戰；而要避免失敗的方法就是，不要去挑戰。但會失敗，就表示你仍然持續一直在接受挑戰。

34

捐獻一下。

一日一咪咪

捐獻分為兩種。一種是供奉給神社、寺廟的捐獻，另一種是在這以外的地方的捐獻。「錢找錯找少了」，指的是神社、寺廟以外的捐獻。「計程車資比平常貴」，也是一種捐獻。

35

一日一咪咪

道歉一下。

長大後，道歉的機會就變少了，成為被道歉的對象的機會變多了。當道歉的機會越來越少，就會忘記要謙虛。道歉會讓人抱持謙虛的態度。

36 一日一咪咪

主動幫人拍照一下。

ＡＰＡ飯店的常務董事元谷拓會替祕書拍照。請別人來幫忙拍照的人變多了，替別人拍照的人卻變少了。有人幫你拍照後，請說聲「讓我也幫你拍照吧」。願意主動幫忙拍照的人，會結交到更多朋友。

37

一日一咪咪

説聲「感覺真好」一下。

在美容院接受按摩時,「謝謝」是誰都會說的。可是如果換做是説「感覺真好」時,替你按摩的人會非常高興。「感覺真好」這句話,帶有自我感受的表達。能夠表露自我情感的人,是更會被喜愛的。

38

一日一咪咪

說聲「我很高興」一下。

當我們收到禮物時，會不自覺地說「謝謝」。然而，只有「謝謝」，是一種帶有結束對話、高高在上的語氣的說話方式。當送禮的人聽到對方說：「我很高興」時，也會覺得很開心。讓我們把「謝謝」用帶有情感的話語來取代吧。

39

說聲「真好吃」一下。

一日一咪咪

當有人為你準備料理,「做得很好吃」,並不是一種讚美,會有向對方傳達評價之意。說一聲「真好吃」,不是你的評價,而是表達感受的話語。對方想要的不是評價,是來自你真實的感受。

40

一日一咪咪

看個
一頁書一下。

我的父親每天晚上都喝得酩酊大醉,但儘管爛醉如泥,還是會看個書才睡覺。人們分為完全不看書的人,跟就算只有一頁也會看書的人。即使是一頁也要看書的人,世界觀也會跟著變大。

41

一日一咪咪

眼神交流一下。

在這個便利的時代,即使沒有眼神交流,生活也不會有什麼太大的問題。當不再跟人有眼神的交流時,四目相交會變得讓人感到尷尬害羞。眼神交流不是單純的看,而是接收對方,那才是眼神交流的關鍵。

42

一日一咪咪

詢問對方名字一下。

不問名字的人，只是關心事物間的關係。問名字的人，就是想跟你買東西的人。人際關係是從詢問對方名字開始的。先稱讚對方，再詢問名字，這是如何能讓對方願意告訴你名字的訣竅。

43

一日一咪咪

用全名
自我介紹一下。

求職面試時,一說到自己的名字,就會舌頭打結,那是因為沒有用全名介紹自己的習慣。他們經常只跟那些不需要自我介紹或認識的人來往。習慣只回答「是我」而不說全名的人,會喪失全新的邂逅機會。

44

一日一咪咪

聆聽大自然的聲音一下。

即使在任何的都會裡,大自然的聲音也比比皆是,風聲、雨聲、鳥鳴聲。不會說有些地方有大自然的聲音,有些地方沒有。差別只在於有些人有注意到,有些人卻沒有而已。

45

一日一咪咪

驚訝一下。

喜、怒、哀、樂的情緒種子，就是「驚訝」。很少感到「驚訝」的人，往往變得失去表情。缺乏「驚訝」的人，反過來還會擔心驚訝是一件壞事。容易對小事感到驚訝，會讓日常生活變得更加愉快。

46

一日一咪咪

接受指導一下。

當成為大人,受到指導時,就會感覺自己好像「失敗了」;可是被指導並不是「被打敗」。可以說出「我不知道,請指導我」的人,反而會讓人覺得很大氣。那些願意被指教的人,也會受到他人的愛戴。

47

一日一咪咪

即使「沒事」
也聯絡一下。

在「沒事的時候」，與人聯絡，會更令人高興。並不是「沒有事情，就不可以聯絡」，而是在有事的時候才聯絡，會讓人覺得被利用了。沒事的時候也聯絡一下，才是所謂的朋友。

48

一日一咪咪

手寫一下。

在數位時代，不再特別需要手寫。可是時代的便利性，大大削弱了手寫的能力。讓雙手動作的就是大腦，一邊手寫，也能同時進行思考。

49

一日一咪咪

請求
幫助一下。

長大後,總會想要成為幫助別人的人,會覺得如果成為「被幫助的人」,就會感到有一股挫敗感。但是人與人之間關係的建立,正是透過幫助與被幫助的過程。對於幫助過的人,也會感到特別有愛。

50

一日一咪咪

不求回報一下。

一旦追求報酬或他人的認可，壓力就會產生。當我們因為「我都為你做了這麼多，結果卻沒有得到回報」而感到不悅時，就是因為想要有所回報；但回報不是自己可以控制的。透過付出本身，就會感到很幸福，所以不求回報一下。

51

一日一咪咪

被拒絕一下。

如果害怕「被拒絕」,就無法勇敢提出請求。現在有越來越多的考生,因為「合格率是 B 級,所以不參加考試」。數位化的社會,是一個可以事先避免「被拒絕」的社會。但是能夠抱著「明知道不可能,還是去試試看」心態的人,就可以坦然接受「被拒絕」的情況。

52

原諒一下。

一日一咪咪

心浮氣躁的人，會因為「無法原諒的事情」而感到憤怒。原諒別人就是原諒自己。對他人無法原諒，也會對自己感到惱火。在原諒別人的同時，也原諒自己一下吧。

53

一日一咪咪

讚美自己一下。

無法讚美別人的人,會一直在評分。這樣的人,也會因為擔心自己被別人評分而感到不安。可以讚美自己的人,就不需要依賴別人的讚美。藉由讚美自己的一些小成就,就能夠提升自信心。

54

一日一咪咪

「不需要理由」歡喜一下。

會歡喜的人,即使沒有什麼好事發生,也會歡喜一下。會歡喜是因為人有好事發生時,就會變得歡喜。好事發生,會讓人覺得歡喜。因為很歡喜,就會有好事發生。

55

一日一咪咪

選擇與他人
不同的事物一下。

若總是依照他人的心思生活,上司選擇什麼,你的選擇也會跟著「一樣」。當下屬的選擇跟自己不一樣時,就會覺得「是不是在挑戰我?」。那些受女性喜愛的人,會選擇與女性會選擇的不同事物。如果總是跟其他人的選擇一樣,就會忘記自己真正喜歡什麼。

56

一日一咪咪

傳遞「好消息」一下。

當有「壞消息」時，就會想告訴別人。數位網路世界中，有如此多誹謗與傷害的訊息，就是源自這樣的心理。正因為這樣的氛圍，讓我們來傳遞「好消息」吧。讓我們告訴某某人，「大家一直在稱讚你喔」。

57

一日一咪咪

恭敬地
説話一下。

會畢恭畢敬地說話，表示你正在跟尊敬的人會面。如果不用恭敬地說話，就表示你沒有遇到你尊敬的人。遇到尊敬的人時，會感到緊張；即使很緊張，可以見到尊敬的人，自己也會跟著成長。

58

思念「天上的人」一下。

一日一咪咪

——不必掛念「一直無法去掃墓」。思念「天上的人」這樣的心情，天上的人一定會感受到的；掃墓並不是唯一的紀念方式。

——即使父母已經上了天堂，仍然可以為他們盡孝。

59

一日一咪咪

深深地
感受幸福一下。

「幸運」，是 Lucky 的意思，會讓人興高采烈地握緊拳頭，大聲說「耶」。而「幸福」是即使沒有「幸運」，也能夠感受到的。不用透過興高采烈地握緊拳頭，也可以深深感受到。所以，與其「幸運」，不如深深地感受「幸福」一下。

60

擊掌一下。

一日一咪咪

擊掌是讚揚別人幸福「很棒耶」的一種方式。擊掌時,必須看著對方的眼睛並接收對方。如果對別人的幸福「嗤之以鼻」的話,就沒辦法擊掌了。所以擊掌是一種能夠一起分享的幸福。

61

一日一咪咪

「背地裡讚美」一下。

不一定要看見那個人才能讚美他。讚美一下不在場的那個人,說「那個人很棒」,就是背地裡讚美。私下稱讚一下,眼前的人也會很高興。不管是「背地裡讚美」一下,還是「偷偷說壞話」一下,都會馬上傳到當事人耳裡。

62 一日一咪咪

說聲「很有趣」一下。

有些人有「無法被理解的嗜好」。不了解「無法明白其原因的嗜好」也沒有關係。即使「不知道原因」，也可以說：「雖然不是很了解，但是很有趣」。即便無法理解那一個嗜好，可是有嗜好的那一個人「很有趣」。

63

說聲「很好玩」一下。

―― 一日一咪咪

―― 不要覺得「因為缺乏知識，所以不好玩」，因此放棄。即使不懂足球規則，也可以享受樂趣。只要和很嗨的人在一起，氣氛就會變得很好玩。

64 一日一咪咪

小小創新一下。

沒有什麼是不能創新的。創新後想想,「如果再這樣做一點,會怎麼樣呢?」,這就是創新。創新不是單數形,而是複數形的創新s。當對看似無法創新的事物,小小創新一下時,也會感受到幸福感。

65

一日一咪咪

示弱一下。

當有人告訴你「不能示弱」時,就會感到很難受。有一位頂尖的運動選手在示弱時,一流的教練這樣說:「你終於願意示弱了,這是你長大的證明」。因為有強大的心理素質,才有辦法示弱。就讓我們勇敢地示弱一下吧。

初中一年級的時候，我向辯論社的顧問老師打招呼後，他對我說了這樣一句話。「請停下來，雙腳併攏，鞠躬一下」。長大後，成為被鞠躬的人，不再是鞠躬的人。透過雙腳併攏，鞠躬一下，就能夠讓自己的身心有所調整。

66

一日一咪咪

雙腳併攏，
鞠躬一下。

67

一日一咪咪

分享知識一下。

外國老師會說「分享」,而不會說「教」,意思是「分享」擁有的知識。「教」是一種上下階級的關係,但「分享」是平等的。藉由分享,也可以從對方那裡獲得知識。

68 一日一咪咪

讓座一下。

讓座不只是對老年人而已。主動與座位分開的情侶交換座位，將靠窗的座位讓給小孩。在變得擁擠的餐廳中，願意交換位子的客人，會很受店家的喜愛。

69 一日一咪咪

雙手合十一下。

不是只有神仙菩薩，才會雙手合十。銀座一番館服飾店的渡邊新先生，遇到顧客都會雙手合十。雙手合十不是要拜託什麼事，而是一種心存感謝。

70 一日一咪咪

看看水一下。

我們是從水裡誕生的。生命在地球上誕生的時候是、在母親羊水中的時候也是。水與任何的形式契合，陪伴在我們身邊。水也能帶走一切的困惑不安。

71

一日一咪咪

讓我們
回到10歲一下。

10 歲是個介於小孩和大人之間的年紀。讓小孩感覺像大人很重要，讓大人感覺像小孩也很重要。讓我們成為同時擁有小孩和大人雙重感覺，最強的 10 歲吧。

72

一日一咪咪

打電話一下。

——現在打電話的次數，明顯的減少了。變得很不會打電話，也很不會接電話。越是在這樣的時代，如果接到一通類比的電話，會讓人感到很開心。

73

一日一咪咪

減少
一樣東西一下。

東西越來越多，如果沒有特別意識到，它就不會減少。即使東西一直增加，也不會變得快樂。透過減少東西，就會發現到什麼才是真正重要的。

74

一日一咪咪

拿出包包全部的東西一下。

小學的時候，一回到家就會把書包裡的東西全部拿出來，這是避免忘記東西的方法。當把包裡的東西，全部拿出來後，就會發現到，一直隨身帶著不需要的東西跑來跑去。

人生也是，背負著太多不需要的東西，所以也變得很沉重。

75

一日一咪咪

找一個地方
打掃一下。

打掃的祕訣就是,不要太認真。因為如果太認真,就會想說,「明天再做吧」或「年底再做吧」。只要一個地方就好,即使只是打掃明信片大小的地方,也就足夠了。

76

一日一咪咪

清空垃圾桶一下。

清空垃圾桶，房間也會變乾淨。為了保持垃圾桶的乾淨，請每天清空它。因為「還沒有滿」而放著不管的話，房間就會變亂。清空垃圾桶，房間就會釋出更多空間。

77　一日一咪咪

憑直覺
選擇一下。

當人類在獲得資訊的同時，野性的智力就跟著退化了。野性就是擁有動物般的直覺，在遇到災難時，那樣的野性會拯救生命。所以不要從網路搜尋「好吃的餐廳」，請憑自己的直覺選擇一下。

78

一日一咪咪

讓「好孩子」休息一下。

做一個「好孩子」很重要。但一直努力做一個「好孩子」，就會累積壓力。

——當壓力增大時，最終在黑暗處，就會慢慢變成「壞孩子」。

——有時從「好孩子」中休息一下的人，更能成為真正的「好孩子」。

79

一日一咪咪

當外國觀光客一下。

外國觀光客會在住家附近拍照。住在當地的人，往往不會注意到每天周圍所看到的美好。試著以外國遊客的心情，在家裡附近走一走，就會發現到那些珍貴的事物。

80

一日一咪咪

分享福氣一下。

將東西分給後輩,是一種「給」。對長輩,則是一種「分享福氣」。不要只是在分東西,更要分享福氣。請不用介意「因為沒有足夠的量到可以分享」,即使量很少,想要分享福氣的心意,才是最重要的。

81

一日一咪咪

記住
一個國字一下。

當習慣數位化後，國字就變得越來越難記。即使可以點選它們，卻無法靠自己的力量寫出來，讀寫能力就會下降。每一個國字都包含著一個故事。記住一個國字，我們就能擁有一個故事。

82

一日一咪咪

在家附近「隨意漫遊」一下。

旅行就是去往一個目的地的過程,在當中享受這個過程的樂趣,不需要花費太多時間或金錢。旅行就是一種隨意漫遊。在家裡附近隨興閒逛一下,就是旅行最極致的境界。

83

一日一咪咪

仰望
月亮一下。

月亮每天都會升起，每天也以驚人的速度，改變著它的形狀。月亮不是只有滿月時才美麗，觀察月亮出現的地點和時間，以及形狀變化，也是一種樂趣。

84

為某人加油一下。

一日一咪咪

――電視上看體育節目時，會情不自禁地為某人加油。即使是毫無關係的人，我們也會為他加油。竭盡全力努力的人，會想為別人加油。因為所加油的對象，如同自己的分身。

85

一日一咪咪

吃日式料理一下。

當感到煩躁沮喪時，可能是日式料理吃得不夠多。「健康的飲食」不需要忍耐。在日常膳食中加入日式料理，就能吃得更健康。只要加入一道日本菜，像是味噌湯、冷豆腐、納豆或毛豆，就很健康了。

86

一日一咪咪

照鏡子一下。

比起美女或美男，擁有清潔感的人更受人喜愛。要有清潔感，就需要一面鏡子。與其有小鏡子，不如擁有一面能反射出範圍更廣的大鏡子。照鏡子也意味著在審視凝視著自己。

87

一日一咪咪

自拍一下。

善用自拍，就能透過照片檢視自己。這些照片不會巴結我們，所以拍照時，就會意識到自己的姿勢不正確。同時也會注意到，「哦，原來這裡有一個汙漬」。

88

一日一咪咪

回想「今天快樂的事」一下。

「不愉快的事」就算不想，也會想到。「快樂的事」，只要有意識的回憶一下，就可以回想起來；一旦想起一件「快樂的事」，就會一件接著一件的想起來。這樣一來，就會覺得「今天其實也不是個壞日子」。

89

一日一咪咪

繞遠路一下。

食物、人、品味，都是從「繞路中」誕生的。採取最短的路線，可能很有效率，但不會帶來額外的趣味。走捷徑，是無法產生深度的。不管結果就是繞遠路了，或者是特意選擇的繞路，都會是一種樂趣。

90

做一些無用的事一下。

一日一咪咪

豐富來自於「無用、浪費的事物」。即使節約，省下了錢並變得富有，但也不會變得豐富。豐富不在於金錢，而是來自於內心。當想說「啊，這浪費了」時，就想說「變得豐富了」就好。

91

一日一咪咪

主動幫忙一下。

说「讓我來為你們做這一切」很容易，说「讓他們來做這一切」也很容易。但所謂的「幫忙」比说「讓我來為你們做這一切」需要更高度的技巧。只是说「如果有需要幫忙的地方」的話，不是幫忙。「幫忙的事」是必須要自己主動去找出來的。

92

叫對方的名字一下。

一日一咪咪

即使不叫對方的名字,也沒有什麼大問題。只要說「對不起」,就可以解決問題,但這樣不會建立任何關係。跟當別人叫我們名字時,我們會感到很高興一樣,如果對方被叫到名字,同樣也會感到很高興。暱稱也可以,只要不是只叫「你」;光是叫名字一下,愛就會發生。

93

一日一咪咪

換口味一下。

不管多麼可口的東西,如果一直吃下去,就會萌生厭倦感。變換口味,是讓味蕾重生的一個好方法。最美好的滋味就是第一口。透過換個口味,就可以發現新的美味。

94

一日一咪咪

早到一下。

有些人會等待,有些人會遲到。等待的人永遠在等待,遲到的人永遠在遲到。

遲到的人,因為覺得等待會感受到孤獨,而在無意識中故意遲到。但等待的人,則是因為知道等待的樂趣而等待。

95

一日一咪咪

端詳器皿一下。

到叔叔家，有人給我端來了茶，我馬上就要喝掉，他說：「要看看那個器皿」。當看到看起來好吃的東西時，不自覺就忽略了器皿，直接吃掉。可是如果先觀察一下器皿，食物就會變得更加美味。

96

一日一咪咪

享受過程一下。

不要因為「今天沒有成果」而灰心。沒有成果的一天,就是可以享受一下過程的日子。當在思考「該吃什麼」的那一刻,是最美好的時刻。當結果最後出來,覺得「就只是這樣喔」的時候,反倒就會從夢中醒來。

97

把垃圾帶回家一下。

一日一咪咪

風度翩翩的日本演員藤村俊二,有時在常去的咖啡廳吃藥,似乎從未留下藥袋。然而,有些人會把垃圾丟進沒有購物的店家垃圾桶裡。能夠在離開時保持比來的時候更乾淨的狀態,這才是成為大人的標誌。

98

一日一咪咪

察覺正在煩躁的自己一下。

令人煩躁的事情每天都在發生。如果可以發現自己「現在很煩躁」,煩躁感就會開始消散。如果沒有意識到自己很煩躁,煩躁感就會永遠持續下去。可以發出聲音說自己「現在很煩躁」的人,其實並不煩躁。

99

一日一咪咪

預約一下。

有些人會因為「還不知道那一天的排程」,所以不去事先預約。有些人雖然不知道,卻還是先預約。那些不預約的人,常常沒預定就會有事,反而先預約的人,預定了就沒事。預約就是先跟神明約好,然後神明就會去進行調整。

100

一日一咪咪

兌現小承諾一下。

信任來自於實踐小小的承諾。我們會記住大的約定,卻常常會忘記小的承諾。承諾越小,往往越會被記住。當我們兌現小承諾,對方就會因為我們記得並履行而感動不已。

101

一日一咪咪

把鞋子
排整齊一下。

回到家,每個人都累了,沒人想多花時間把鞋子擺好。差別只在於,可以倒頭就睡,還是先稍微喘口氣後,去把鞋子擺放好。如果出門時,看到門口的鞋子排得整整齊齊的話,那天就會是美好的一天。

102

一日一咪咪

接受建議一下。

我們都喜歡給別人建議，但收到建議時，卻覺得煩。
因為那往往來自價值觀的差異，讓人一時難以接受。
尤其是當自己早已心知肚明的時候，那就更容易感到不耐煩了。當內心有餘裕、能輕鬆接受建議時，才會開始感謝別人給的建議。

一日一咪咪

把得到的建議付諸行動一下。

有些人問「有什麼有趣的書嗎」,但最後並沒有去讀。可是有些人會馬上閱讀,並分享讀後感。那些懂得接受建議的人,會因為得到建議而持續成長。而且能立刻把得到的建議付諸行動的人,也會成為讓人主動想要給予建議的人。

104

吃生菜一下。

——一日一咪咪

——飲食健康的人會吃生菜。每天吃生菜和沒吃生菜的人,有著顯著差異。大家總是偏向吃經過加熱或加工的蔬菜。習慣吃生菜的人,通常對其他食材也會比較講究。

105

一日一咪咪

談談理想一下。

有人會說：「理想歸理想，現實是殘酷的」。反正現實很殘酷了，至少談一下理想嘛，否則就會感到悲傷。如果不再談理想，就會失去目標。所以即使妥協，也不要失去理想。

iCat

106

一日一咪咪

數10次
呼吸一下。

小時候常被告知,洗澡時要「數到十」。佛教中,有一種數算呼吸次數,稱為「數息觀」的修行,出奇的困難,很容易會產生雜念,忘記數了多少次。所以可以將呼吸次數數到 10 而不犯錯,就可以平息緊張情緒。

107

一日一咪咪

找問題一下。

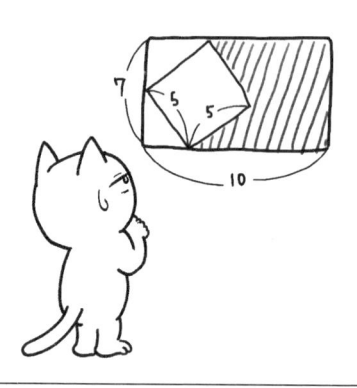

大人喜歡提出問題,卻不喜歡被問問題。比起找問題,倒不如去找答案。與其思考「為什麼會這樣?」,他們更喜歡追求「這就是正確答案!」。喜歡獨立思考的人,比起答案,更喜歡問題本身。

108 一日一咪咪

凝視火焰一下。

祖先們住在山洞時，火是安全的象徵。當和家人一起圍坐在火邊，因為有安全感，而感到很幸福。在好萊塢愛情電影中，情侶們一邊看著壁爐裡的火，一邊向對方表達愛意。

凝視火焰一下，就可以感受到幸福和愛。

109

看看櫥窗一下。

一日一咪咪

——當還是個孩子的時候,我在商店街長大。櫥窗設計,總是走在季節最前端,能夠感受到最新的流行趨勢。

——看著商店櫥窗,就可以看到光明的未來。

110

變換姿勢一下。

一日一咪咪

無論是工作,還是看電視,經常都保持同樣的姿勢。但一樣的姿勢久了,就會失去活力。孩子們為什麼會精力充沛,就是因為他們無法持續保持相同的姿勢。

有意識地變換姿勢一下,就能夠讓活力湧現。

111

一日一咪咪

跟不喜歡的人打招呼一下。

人習慣會跟自己喜歡的人打招呼，卻避免跟不喜歡的人打招呼。可是不喜歡的人，反而會經常碰到。遇到一個不喜歡的人，不打聲招呼就躲起來的話，那一天會變成討厭的一天。可是如果跟不喜歡的人打聲招呼，那一天將會有出乎意料的陽光明媚。

112 一日一咪咪

泡澡一下。

據說,運動員在海外參賽時,如果住那種有浴缸的飯店就會贏。洗澡的時候,如果只是想洗身體,直接沖個澡就可以了。泡澡不僅可以溫暖身體,還可以放鬆心情。越是在疲累、只想沖澡的日子裡,就越應該泡澡一下。

113

一日一咪咪

看看
流星一下。

據說，每天約有 2 兆顆流星劃過天際，只是因為四周環境太過明亮，不容易看到。所以才會說，當流星出現時，如果許願，就會夢想成真。如果在流星出現後才開始思考，那就表示平時並沒有一直在思考這一件事。

114

一日一咪咪

記住一個人的臉孔一下。

在大阪，人們會記住別人的面孔，並稱呼他們「太太」或「大叔」。即使從未聽過他們的名字，也能透過臉來記住他們。並不是因為記性不好，而記不住他們的臉孔。因為記住臉孔的祕訣就是，努力想記住他們。

115

一日一咪咪

擦拭桌面一下。

身為小酒吧經營者的兒子，擦桌子變成我的職業病。從咖啡廳要回家前，我會擦拭玻璃杯在桌面上留下的水痕後再離開，這是為了讓後來的人也能舒適。隨時保持桌面的乾淨整齊，是我們這個小酒吧世家的家訓。

116

一日一咪咪

挑戰「沒有勝算的比賽」一下。

長大之後，就不再參加會輸的比賽了。這是因為一開始就能看出，可不可能贏。若只和能贏的對手比賽，就不會變得更強。明知道無法贏，還向上挑戰，才會變得更強大。

117

一日一咪咪

點根香一下。

早上起床後，點香變成一種習慣。香的氣味，令人神智清明。聞聞香的香氣，會讓五感變得更加敏銳。透過聞香，也能讓注意力集中。

118

一日一咪咪

端坐一下。

從一年級開始,每週都會去學書法,持續了六年。好處就是,習慣端正坐直。榻榻米的房間越來越少,端坐的機會也跟著變少。不能扭來扭去的端正坐直,也能讓心跟著平靜下來。

119

一日一咪咪

參拜一下。

因為附近有個神社,所以每天都去參拜一下。即使是雨天,也沒有任何藉口,這也解決了缺乏運動的問題。無論是小小的地藏菩薩,還是其他。在那裡,一切都是相連的。

120 一日一咪咪

吃虧一下。

只會計較得失，是不會有品味的。有時候，不吃虧一下，就不會有所獲得。吃虧就像為運勢儲蓄。如果覺得吃虧的時候，只要笑著想說：「我的運勢存款又增加了」就好。

121

一日一咪咪

伸展一下。

如果什麼都不做，身體就會越來越萎縮。電話機的話筒話線，也是在那不知不覺間，朝同一方向捲曲在一起。不必什麼高難度的伸展運動，只要伸展一下背部，就會感覺很舒服。

122

一日一咪咪

說「這很常見」一下。

當發生意想不到的事時，就會碎碎唸說：「這是不可能的」。沒有什麼事是「不可能」的，因為想說「不可能」，所以會感到很煩躁。如果能說一下「這很常見」，煩躁感就會煙消雲散。

123

一日一咪咪

做「不合理的事情」一下。

如果都只做「合理的事情」，就不會有任何的緊張感，也不會有所成長。有時候，做一些「不合理的事情」，會令人感到興奮。「不合理的事情」，不光是為了錢，更為了伸展心靈。做一下「不合理的事情」，就會持續成長。

124

一日一咪咪

排隊一下。

在這個便利的時代,排隊等候成了一件麻煩事。但在有著長長人龍的拉麵店排隊時,正因為有排隊的過程,味道感覺就更美味了。排隊等候也是品味的一種樂趣。如果可以一起在拉麵店排隊等候,或許就會開始交往了。

125

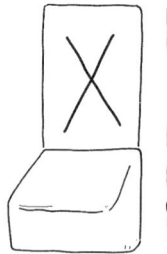

一日一咪咪

槓龜一下。

如果彩券全部都會中，就一點也不刺激。因為有期待落空的可能，當真中獎時，才會覺得激動不已。槓龜的人能大笑，是因為預感到未來會中獎。所以比起那中獎的人，槓龜的人更欣喜雀躍。

126

一日一咪咪

走散一下。

有一次在一群人續攤移動時，日本演員奧田瑛二先生拉著我的手說：「會走散喔」，很像電視劇中的場景。從一群人中走散一下，是冒險的開始。奧田先生的性感之處，正是在於他那種若即若離的感覺。

127

一日一咪咪

開始著手「不能立即看到成果的事」一下。

在這個重視效率的時代，人們總是優先處理「能立即看到成果的事」，傾向於追求短期的勝負。但我更喜歡追求長期的勝負。一旦可以拉到長期戰，就會是屬於我們的局面。

128

一日一咪咪

凝視一下。

「看」，誰都會；但如果心浮氣躁的話，就無法「凝視」了。在一瞬間無法看到的東西，仔細凝視後，就會變得清晰可見。

讓我們再繼續凝視十秒。

129

一日一咪咪

讚美
新人一下。

由於少子化導致人力短缺,每家店都會有許多新人。因為新人還不上手,很容易會被上級和客戶罵。即使遇到不熟習的新人也不要生氣,要成為他們練習的對象,並支持著對方説:「雖然還不熟練,但還是這樣努力。要繼續加油喔!」

130

一日一咪咪

流口水一下。

流口水是專心的表現。嬰兒會流口水，是因為他們精神很集中。大人不是不會流口水，只是因為已經無法流口水了。讓我們集中精神到流口水一下吧。

131

一日一咪咪

不讓對方難堪一下。

禮儀不是為了避免自己難堪，而是為了不讓對方難堪。即使對方在禮儀上做錯了，也不應該直接糾正對方。禮儀應該優先考慮的是溫柔和體貼，而不是正確性。

132

一日一咪咪

自己做道菜一下。

疫情自主管理期間，我開始動手煮飯，這讓我的口味變得清淡。自己做飯，並不一定要做很困難的菜；從在泡麵中加入豆芽菜開始，就是很棒的自己做飯的開始。

133

一日一咪咪

小修理一下。

每天，總會有些東西壞掉。當東西壞了，修理它，就是與它好好相處、建立更深情感的機會。當東西壞掉，拿去維修時，店家常會告訴你「買新的會比較划算喔」。即使維修比較貴，修理一下，會對物品產生更多感情。最珍貴的寶物，往往是那些經過修理並一直在使用的，而不是全新的。

134

一日一咪咪

「沒有被拜託的事」做一下。

到一家店時，會思考如何讓它變得更受歡迎，儘管沒有人拜託你要這麼做。作為一個出生在服務業家庭的人，這是一種職業病。主動去做沒有被拜託的事，才是服務的精神。

135

一日一咪咪

默默累積「不被注意」的功德一下。

明明是在為別人做一些事情，有時卻不見得會被注意到。被注意到是一種獲得，未被注意到是一件功德。人們常說：「積陰德」，德之所以好，正是因為沒有被注意到。

136

「會幸福的謊」說一下。

―― 一日一咪咪

謊言有兩種，「會讓對方幸福的謊言」和「無法讓對方幸福的謊言」。說實話，只是為了保護自己，因為「不想成為一個說謊的人」。即使不是第一次，也可以透過說「是第一次」，來讓對方感到幸福。讓我們成為一位讓對方幸福的騙子吧。

137

一日一咪咪

眺望遠處的風景一下。

一定有時會突然發現到「那邊有一座那樣的建築」、「那裡有一座那樣的山」。不知不覺間，都遺忘了該抬頭看看遠處的風景一下。若只看近處，視野會變得更加狹窄，空間也會變小。眺望遠處的風景一下，就可以開拓視野，產生更大的空間。

138

一日一咪咪

解讀影像一下。

在這個充斥影像的時代，需要有對影像的讀解能力。需要具備從影像中，讀取當中隱含意義的能力。影像是難以用言語來解釋的，讓我們培養從影像中，解讀那無法用話語解釋含義的影像的理解力。

139

一日一咪咪

「想辦法做點什麼」一下。

每天,都被一些小事逼到無處可躲。在感覺「已經結束了」的時候,並不是真正的結束;在感覺「已經結束了」的當下,反而可以「想辦法做點什麼」。因為感覺「已經結束了」的那一刻,才是新的開始。

140

一日一咪咪

生氣一下。

每天都有一些事情讓我們感到生氣。生氣並不是一件壞事，生氣其實是靈感的泉源。而且也能藉此想想，如何才能消除許多人所感受到的「生氣」。

141

筆記一下。

一日一咪咪

「現在,剛剛想到的事」,瞬間馬上就會忘記。立刻筆記一下,是對靈感的尊重。不是說有些人有靈感,有些人沒有。只是有人會筆記,有人不會。

142

一日一咪咪

厚臉皮一下。

偶爾巧遇到認識的人時,總會猶豫是否要跟他們打招呼。最終總是會想說:「應該會造成對方的困擾吧」而作罷。但如果換作是自己,則會想說「要是對方能主動打聲招呼就好了」。有禮貌、厚臉皮一下的人,會受人喜愛的。

143

一日一咪咪

撒撒嬌一下。

那些說:「我從不會向別人撒嬌、依賴任何人!」的人,會變得傲慢。「總是覺得自己一直在依賴他人」的人,會對周遭的人更為寬容。沒有一個人可以一直不需要依賴他人而獨自過活。有時撒撒嬌、依賴一下,有時被依賴一下,就是活著的感覺。

144

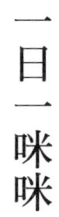

想想不認識的人一下。

一日一咪咪

每個人都會想到自己和認識的人。遙遠的國家發生了戰爭或災難,之所以沒什麼感覺,是因為覺得那些是不認識的人。不看新聞,是因為沒去關心不認識的人。但並不是真的對不認識的人漠不關心,而是對那些人而言,沒有意識到人與人之間相互關聯的關係,所以缺乏關注。

145

一日一咪咪

想想地球一下。

我們會想到父母、想到祖父母。如果追溯人類的起源,都是從地球的物質中誕生的。想想地球的健康,就像是想想祖父與祖母的健康是一樣的。

146

一日一咪咪

輸入一下。

社群網路時代，輸出變得很容易；變成輸出增加，輸入卻減少了。當輸入減少而輸出過多時，內容就會變得很單薄。在這社群網路時代，增加輸入的量會造就出人與人之間不同的差異。

147　一日一咪咪

量體重一下。

每天量一下體重，只要記錄體重的變化就好。當稍微增加一點時，就會想起「可能是前天的那個吧」。那「明天，克制一下」的想法，就會帶來嚇阻的作用。次數多的時候，只要不要跳過紀錄就好。

148

一日一咪咪

為「什麼事都沒有」而感謝一下。

不是因為發生了什麼好事才感謝。「沒事」這件事本身就是一件幸福的事。當發生某些事時，我們更會意識到什麼事都沒有的珍貴而感激。若發生什麼事時，要開心。若什麼事都沒有時，也要開心。

149

一日一咪咪

好好換身衣服一下。

隨著在家工作的時間變多，會懶得換衣服。如果整天穿著睡衣過日子，會無法進行心情的切換。不用外出時，更要好好換身衣服。透過換衣服，會讓時間變得張弛有度，更有節奏感。

150

一日一咪咪

拍拍手一下。

拍手能在空氣中創造波動，不僅是得到掌聲的人，連拍手的人也會覺得精神為之一振。拍手跟合掌一樣，拍手也能帶來淨化心靈的效果。

151

一日一咪咪

閉眼睛一分鐘一下。

我們整天都受到資訊的轟炸。大量的資訊映入眼簾，大腦根本就沒有時間應付處理。透過閉上眼睛，我們可以暫時封鎖這些訊息。與此同時，大腦也能進行組織整理與歸檔。

個人的喜惡不必特意消除沒關係。反倒是，對於喜歡的人，要非常地溫柔以對。偏袒這一個舉動，是值得細細思考的。無法偏袒的人，就無法做到溫柔以對。

152

一日一咪咪

偏袒一下。

153

一日一咪咪

腦海裡浮現崇敬的人一下。

當被逼得走投無路時,就想一想「如果是崇敬的那個人,會怎麼做呢」。這就產生了「如果是那個人,應該一定會這樣做」的選項。有了選項,就可以稍微寬心了。想像一下,崇敬的那個人在微笑的樣子。

154

一日一咪咪

解開鞋帶一下。

即使不解開鞋帶，勉強也可以穿脫鞋。鞋帶對於西方人來說，就如同日本人的和服腰帶。回到家之後，解開鞋帶，要穿時再重新繫上。一邊繫緊鞋帶，一邊將心重新收斂。

155

一日一咪咪

隨機
聯絡一下。

試著去想起,就不是隨機了。如果用抽籤的方式去選,就會發現:「哦,為什麼都沒有跟他們聯絡呢」。不是忘記了,只是忘記了已經忘記這一件事。不要找藉口,只要先說:「好久不見了」,就可以了。

156

一日一咪咪

換手拿包包一下。

──拎包包的手總是固定一邊。如果一直用同一隻手拿包包，另一隻手就會感到寂寞。嘗試使用平常不使用的那一隻手，就會喚醒一種與平常不同的感覺。

157 一日一咪咪

查字典一下。

如果去荒島，只能帶一本書的話，我會帶一本字典。當打開字典，查找一個不認識的字時，就會又看到另一個字。因為太有趣了，甚至忘記看本來想找的字。繞道而行的誘惑，就是紙本字典的醍醐味。

158

一日一咪咪

與價值觀截然不同的人聊一下。

人之所以惱怒,是因為與對方有不同的價值觀。
每個人的價值觀都不一樣,會感到惱怒,是因為通常都只和具有相同價值觀的人在一起的關係。
若與不同價值觀的人往來,就會對差異的價值觀產生免疫力,也就不容易被激怒了。

159

一日一咪咪

全力以赴一下。

如果目標只求保險安全,就無法全力以赴。如果都只是半調子做事,也無法全力以赴。即使選擇安全的選項,也不一定會順利進行;選擇安全選項卻反倒失敗的話,衝擊反而會更大。

160

一日一咪咪

拿起小刀具一下。

能否自己動手下廚的差異，就在於能不能和刀具成為朋友。只要會切水果，那就是一道很棒的料理了。與其突然要拿起一把大菜刀，不如先習慣小刀具，小刀具就會成為你身體的一部分。

161

一日一咪咪

花三分鐘，傾聽對方說話一下。

每個人都希望自己說的話能被聽見。但另一方面，聽對方說話，則會需要耐心。那些願意聽別人說話的人，很容易受人喜愛。只要花三分鐘，傾聽對方說話一下，就可以讓彼此變得更親近。

162

一日一咪咪

使用擬聲詞一下。

擬聲詞不僅能刺激聽話的人，也能刺激說話的人，喚醒五感。當敏感度變遲鈍時，就不太容易使用擬聲詞。如果有意識地使用擬聲詞，就能活化五感。

透過使用擬聲詞，直覺力也會跟著得到磨練。

163

一日一咪咪

觸摸生物一下。

肌膚之親能撫慰心靈。一旦失去了肌膚接觸，就會變得害怕與人接觸。生物可以是動物或人類，觸摸同時也意味著被觸摸。

164 一日一咪咪

為重要的事，設定自己的最後期限一下。

如果沒有最後期限，經常就不會開始著手進行。緊急的事情有期限，但重要的事情沒有期限；因此總是優先考慮緊迫性，最終把重要的事情放在後面。為沒有最後期限的重要事情，自己設定最後期限一下。

165

一日一咪咪

寫一行
日記一下。

透過寫日記，可以把心中的浮躁拋到腦後。就算只有一行也好，不需要「寫滿」。就算記錄天氣，寫「今天也是多雲」也沒關係。日記書寫就是一種寫作療法。

166

一日一咪咪

介紹人一下。

每個人心裡其實都希望被介紹。想要被介紹，首先就要先成為介紹別人的那一方。不是因為認識很多人才能介紹人，而是透過介紹別人，才有更多被介紹的機會，也才會認識更多人。

167

讓自己做別人的朋友一下。

一日一咪咪

每個人都說：「我想要一個可以敞開心扉的朋友」，但這不是等對方成為你的朋友，而是自己要先成為對方的朋友。為了做到這一點，就先從主動敞開心房，與對方交談開始吧。

168

一日一咪咪

回想之前的對話一下。

回想一下,剛才的對話是否表現得太過冷淡了呢?如果感受到自己「稍微冷淡了些」,下次就可以調整。自我回想一下,「那時候,要是能多說一句這樣的話就好了」。能夠回顧檢討自己說過的話的人,就能成為說出受他人愛戴話語的人。

後記

169 一日一咪咪

「理所當然的事」確實做一下。

因為「那些事是理所當然的啊」而讓人掉以輕心。想要幸福，不需要什麼特別的能力；理所當然的事，才是決定是否會幸福的關鍵。重要的是，把那些理所當然的事，「確實」做一下。

國家圖書館出版品預行編目資料

沒什麼也能有什麼：從今天開始,一日一咪咪,你的世界就改變了/ 中谷彰宏作；蔡晴宇譯. -- 初版. -- 臺北市：啟示出版：英屬蓋曼群島商家庭傳媒股份有限公司城邦分公司發行, 2025.04
面； 公分. -- (Talent系列 ; 64)

譯自：一日一回：たったこれだけで世界が変わる

ISBN 978-626-7257-78-4 (平裝)

1.CST: 自我實現 2.CST: 生活指導

177.2　　　　　　　　　　　　　　　　　　　　114003128

線上版讀者回函卡

Talent系列064
沒什麼也能有什麼：從今天開始，一日一咪咪，你的世界就改變了

作　　　者／中谷彰宏
譯　　　者／蔡晴宇
企 畫 選 書 人／白亞平
總　 編　 輯／彭之琬
責 任 編 輯／白亞平

版　　　權／吳亭儀、江欣瑜
行 銷 業 務／周佑潔、周佳葳、林詩富、吳淑華、吳藝佳
總　 經　 理／彭之琬
事 業 群 總 經 理／黃淑貞
發　 行　 人／何飛鵬
法 律 顧 問／元禾法律事務所王子文律師
出　　　版／啟示出版
　　　　　　台北市南港區昆陽街 16 號 4 樓
　　　　　　電話：(02) 25007008　傳真：(02)25007759
　　　　　　E-mail:bwp.service@cite.com.tw
發　　　行／英屬蓋曼群島商家庭傳媒股份有限公司城邦分公司
　　　　　　台北市南港區昆陽街 16 號 8 樓
　　　　　　書虫客服服務專線：02-25007718；25007719
　　　　　　服務時間：週一至週五上午09:30-12:00；下午13:30-17:00
　　　　　　24小時傳真專線：02-25001990；25001991
　　　　　　劃撥帳號：19863813；戶名：書虫股份有限公司
　　　　　　讀者服務信箱：service@readingclub.com.tw
　　　　　　城邦讀書花園：www.cite.com.tw
香 港 發 行 所／城邦（香港）出版集團有限公司
　　　　　　香港九龍土瓜灣土瓜灣道86號順聯工業大廈6樓A室
　　　　　　電話：(852)25086231　傳真：(852)25789337　E-MAIL：hkcite@biznetvigator.com
馬 新 發 行 所／城邦（馬新）出版集團【Cite (M) Sdn Bhd】
　　　　　　41, Jalan Radin Anum, Bandar Baru Sri Petaling, 57000 Kuala Lumpur, Malaysia.
　　　　　　電話：(603) 90578822 傳真：(603) 90576622
　　　　　　Email: cite@cite.com.my

插　　　圖／tsukamoto_kazuki
封 面 設 計／王舒玕
排　　　版／芯澤有限公司
印　　　刷／韋懋實業有限公司

■2025 年 4 月 17 日初版　　　　　　　　　　　　　　　Printed in Taiwan
定價300元

ICHINITIIKKAI copyright @ 2024 by AKIHIRO NAKATANI.First published by KAZHINOBUNKO.
All rights reserved.
Complex Chinese translation copyright @URAKU ENTERTAINMENT INC.
All Rights Reserved.
Complex Chinese translation copyrights © 2025 by Apocalypse Press, a division of Cite Publishing Ltd.
All Rights Reserved.

城邦讀書花園
www.cite.com.tw

著作權所有，翻印必究　ISBN 978-626-7257-78-4

廣 告 回 函
北區郵政管理登記證
北臺字第000791號
郵資已付，免貼郵票

115台北市南港區昆陽街16號4樓

英屬蓋曼群島商家庭傳媒股份有限公司城邦公司　收

請沿虛線對摺，謝謝！

書號：1MB064	書名：沒什麼也能有什麼

請於此處用膠水黏貼

讀者回函卡

感謝您購買我們出版的書籍！請費心填寫此回函卡，我們將不定期寄上城邦集團最新的出版訊息。

姓名：_____ 性別：□男 □女

生日：西元_____年_____月_____日

地址：_____

聯絡電話：_____ 傳真：_____

E-mail：

學歷：□ 1. 小學 □ 2. 國中 □ 3. 高中 □ 4. 大學 □ 5. 研究所以上

職業：□ 1. 學生 □ 2. 軍公教 □ 3. 服務 □ 4. 金融 □ 5. 製造 □ 6. 資訊
　　　□ 7. 傳播 □ 8. 自由業 □ 9. 農漁牧 □ 10. 家管 □ 11. 退休
　　　□ 12. 其他_____

您從何種方式得知本書消息？

　　　□ 1. 書店 □ 2. 網路 □ 3. 報紙 □ 4. 雜誌 □ 5. 廣播 □ 6. 電視
　　　□ 7. 親友推薦 □ 8. 其他_____

您通常以何種方式購書？

　　　□ 1. 書店 □ 2. 網路 □ 3. 傳真訂購 □ 4. 郵局劃撥 □ 5. 其他_____

您喜歡閱讀那些類別的書籍？

　　　□ 1. 財經商業 □ 2. 自然科學 □ 3. 歷史 □ 4. 法律 □ 5. 文學
　　　□ 6. 休閒旅遊 □ 7. 小說 □ 8. 人物傳記 □ 9. 生活、勵志 □ 10. 其他

對我們的建議：_____

_____

_____

【為提供訂購、行銷、客戶管理或其他合於營業登記項目或章程所定業務之目的，城邦出版人集團（即英屬蓋曼群島商家庭傳媒（股）公司城邦分公司、城邦文化事業（股）公司），於本集團之營運期間及地區內，將以電郵、傳真、電話、簡訊、郵寄或其他公告方式利用您提供之資料（資料類別：C001、C002、C003、C011等）。利用對象除本集團外，亦可能包括相關服務的協力機構。如您有依個資法第三條或其他需服務之處，得致電本公司客服中心電話02-25007718請求協助。相關資料如為非必要項目，不提供亦不影響您的權益。】

1.C001 辨識個人者：如消費者之姓名、地址、電話、電子郵件等資訊。　　2.C002 辨識財務者：如信用卡或轉帳帳戶資訊。
3.C003 政府資料中之辨識者：如身分證字號或護照號碼（外國人）。　　4.C011 個人描述：如性別、國籍、出生年月日。

請於此處用膠水黏貼

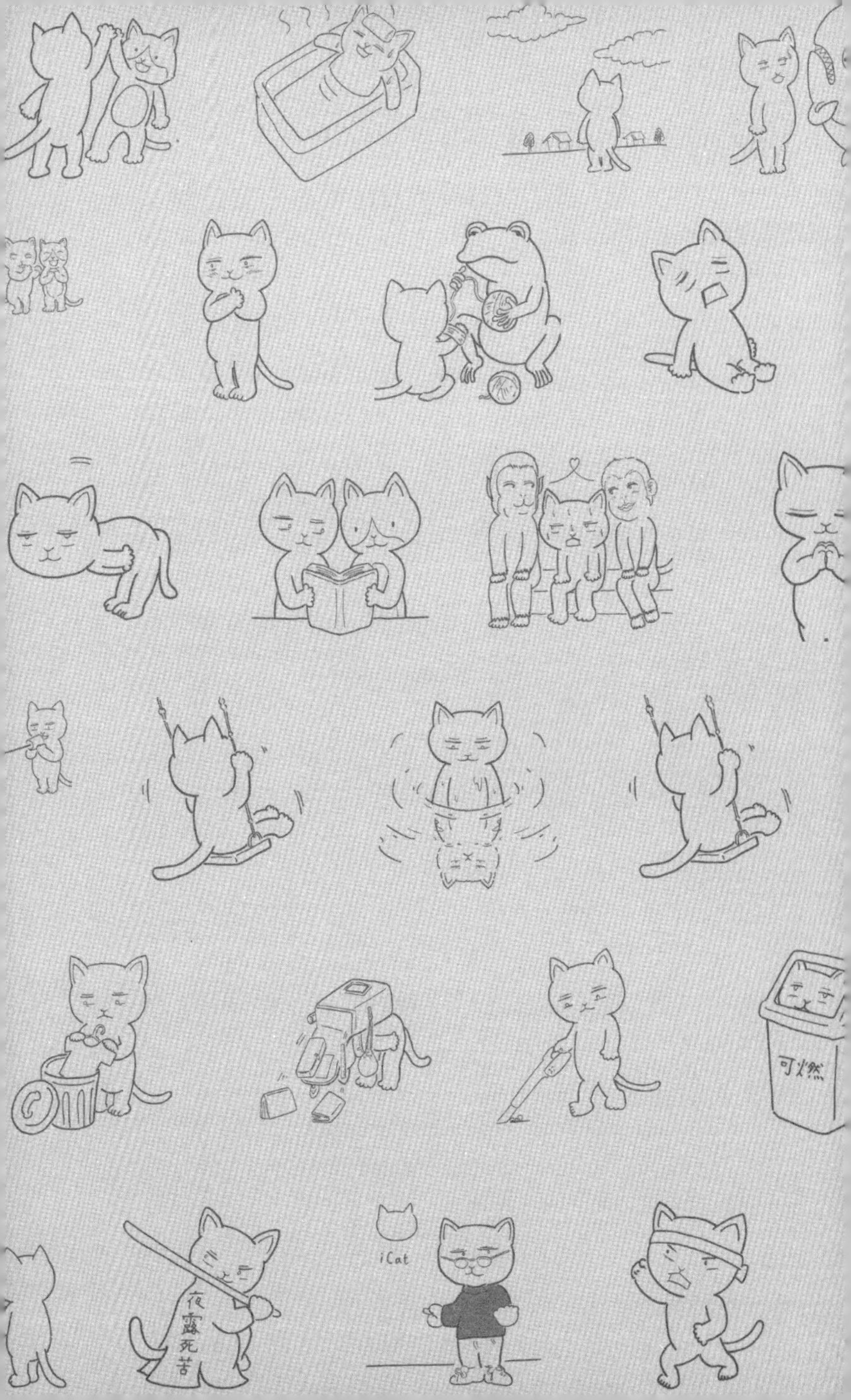
可燃
夜露死苦
iCat

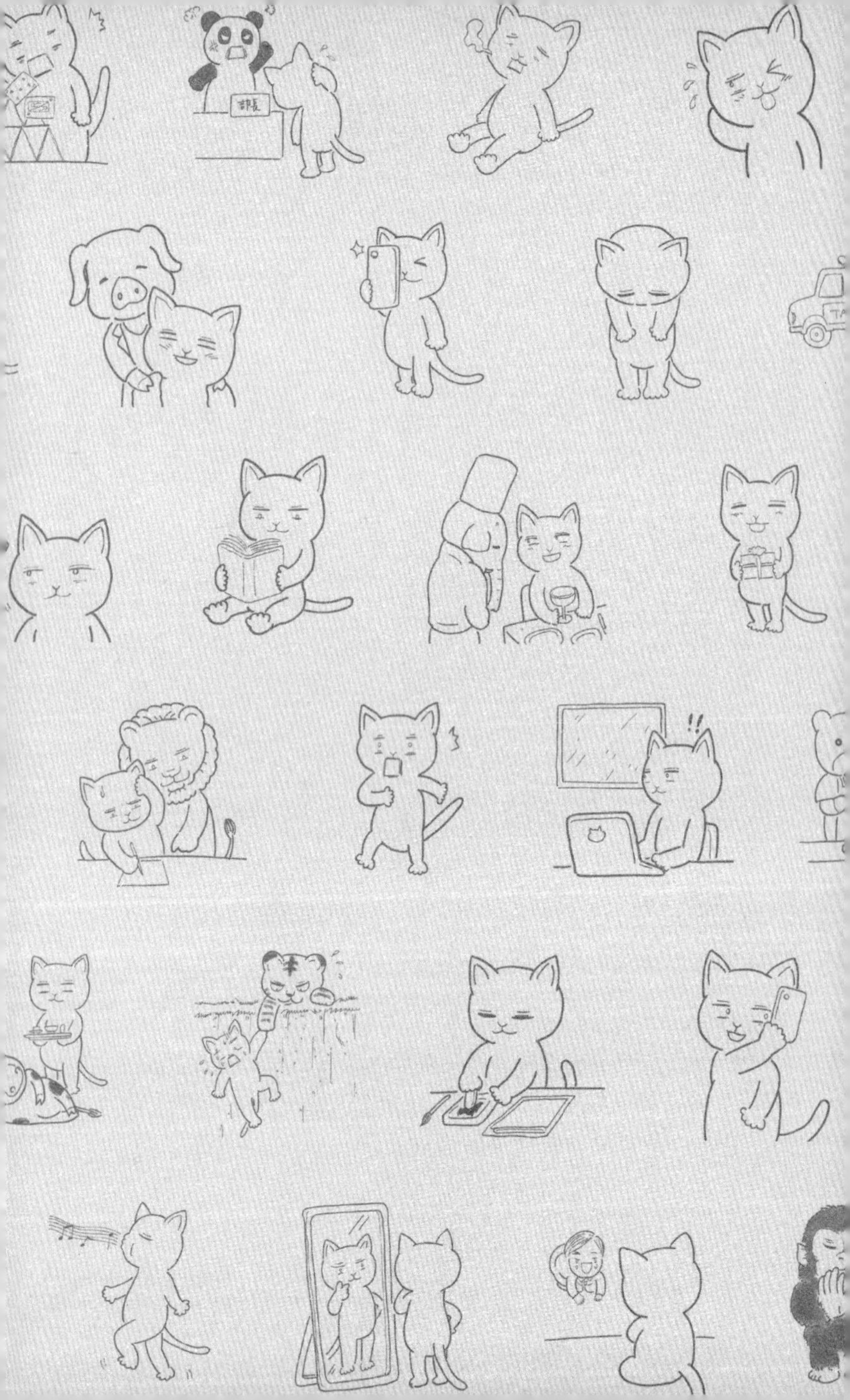
部長